MÉMOIRE

*POUR l'Adminiſtration Municipale du Canton d'Hières,
ſuſpendue de ſes fonctions par Arrêté de l'Adminiſtration
centrale du Département du Var, du 11 Meſſidor, An
5 Républicain.*

> *Quid ! ! ! !   Si honorem per quinquennium agitent !*
> TACITE.

APPELÉS par le vœu libre du peuple au poſte honorable &
pénible d'Adminiſtrateurs, nous devons un compte fidèle de notre conduite publique. Le Département a pu, puiſqu'il l'a fait, nous ſuſpendre
de nos fonctions, abuſer de la Conſtitution, calomnier les Adminiſtrateurs & ſervir un parti : cela prouve ſeulement que l'abus eſt à côté de
l'exercice du pouvoir. Ce n'eſt pas la première fois que les lois &
l'équité ont ſervi de prétexte & de manteau à l'arbitraire & aux paſ-
ſions les plus viles.

Peuple d'Hières, tu nous avais jugés dignes de concourir avec le
Gouvernement à l'affermiſſement de la Conſtitution, au triomphe de
la Liberté, à ton bonheur. Nous l'euſſions remplie cette tâche glo-
rieuſe ; mais tes ennemis & les nôtres nous ont arrêtés au commen-
cement de la carrière. Et pour nous rendre odieux, pour nous arra-
cher ta confiance, ils nous ont reproché leurs crimes, ne pouvant
nous enlever nos vertus. Le compte que nous allons rendre, relati-
vement à l'événement qui a ſervi de prétexte à notre ſuſpenſion, ce
compte n'eſt pas pour toi. Nous avions ton entière confiance il y a
trois mois ; l'aurions-nous perdue, depuis que nous l'avons juſtifiée ?
Et dépend-il de quelques hommes que l'intrigue a élevés, de flétrir des
Magiſtrats intègres, dont la conduite irréprochable garantit les intentions ! Non. Mais tous les Français ſont auſſi nos concitoyens & nos

A"

frères. L'arrêté du Département a pu les induire en erreur ; il faut les éclairer. Ils ne connoissent ni les Administrateurs du Département , ni nous. .... Et si nous étions tous connus , ferions nous forcés aujourd'hui de descendre à une justification !

L'article 194 de la Constitution permet aux Administrations centrales de suspendre les Administrations Municipales ; mais ce ne peut être que quand *des motifs légitimes* nécessitent cette mesure sévère. L'article 197 veut que tout Arrêté portant suspension d'Administrateurs soit *motivé.*

Le Département a rempli la forme des articles que nous venons de citer ; mais il en a éludé l'esprit ; car , au lieu des *motifs* (& tout motif doit-être légitime) il n'a fourni que des prétextes & des calomnies. Est-ce là le vœu de la Constitution , qui plaçant les Municipalités sous la surveillance des Administrations centrales , n'a pu vouloir qu'elles fussent sous leur dépendance absolue ? Si d'un côté les Municipalités encourent la suspension , quand elles abusent de leurs fonctions , les Départemens , à leur tour , placés sous la surveillance du Ministre , ne peuvent abuser des leurs , sans encourir la même peine. Ainsi ces articles , loin de consacrer l'arbitraire , offrent une juste garantie à toutes les autorités ; puisque l'Arrêté du Ministre lui-même n'est définitif qu'après la confirmation nécessaire du Directoire exécutif. Tel est le vœu de l'article 195.

Si les motifs qui ont servi de base à l'Arrêté du Département sont légitimes & justes , nous invoquons , non-seulement la confirmation du Directoire , mais encore la traduction devant les Tribunaux. Mais si ce ne sont que des prétextes frivoles , des faussetés absurdes ; si nous prouvons que cette œuvre éphémère n'a été enfantée que par les passions haineuses & l'esprit de parti , le Directoire doit nous rendre justice & punir les Magistrats infidèles ou prévaricateurs. La chance ne peut être inégale entre nous.

Examinons à présent ces motifs , discutons-les froidement ; & , en attendant que le Directoire prononce entre nos accusateurs & nous , éclairons l'opinion publique. Ce Tribunal juste & impartial a déjà prononcé. Justifions sa décision. Elle est en notre faveur , parce qu'elle a jugé les hommes & les intentions. Prouvons qu'elle l'eût été davantage , si elle eût connu les faits , & jugé les actions.

FAITS.

Depuis long-tems les factieux d'Hières cherchaient à troubler l'ordre public. Les émigrés radiés provisoirement ne se donnaient plus la peine de cacher leurs desseins criminels. Ils ont contracté à *Vérone* & auprès de leurs maîtres des habitudes contraires au régime républicain. Tout les étonne & les irrite. Les institutions républicaines leur causent des nausées & des fureurs insensées. On dirait, à la surprise que leur causent toutes les choses nouvelles, qu'ils viennent de faire un voyage dans la lune ; que leur existence sur la terre de la Liberté n'est que *provisoire*. Il faudrait se contenter de les plaindre, s'ils ne montraient leurs vices que dans les coteries. Mais comme ils devenaient osés, en raison de notre modération & de la sagesse de nos principes, la Municipalité dut les surveiller.

Avec les méchans il faut-être sévère. Plus on est tolérant envers eux, plus ils sont méchans & pervers. Nos principes de modération furent pris pour de la foiblesse, de la pusillanimité. Ils devinrent audacieux ; & bientôt aux jactances, ils firent succéder les injures, les menaces, les provocations.

Le 9 prairial dernier la Municipalité en instruisit l'Administration centrale, en lui dénonçant ces menées coupables. Elle lui témoigna ses craintes sur un projet de révolte qui devait avoir lieu vers les premiers jours de messidor. En effet on avait des indices certains qui annonçaient des troubles à cette époque. Des jeunes gens de Solliers devaient se joindre aux factieux d'Hières, pour opérer un mouvement.

Notre Département n'est pas fort communicatif. Notre lettre, suivant l'usage, resta sans réponse ; peut-être aussi ne fut elle pas lue. La vérité est qu'aucune mesure ne fut indiquée pour prévenir les troubles. Cependant cette lettre pouvait être remarquée à cause de l'événement qu'on prévoyait, & par la manière dont on exprimait les craintes bien fondées. En voici un fragment :

. . . . . *Des malveillans de cette Commune, conjointement avec des individus de Solliers & Cuers, se proposent de tomber sur les citoyens paisibles & amis des lois, & de les égorger. Cet événement fatal doit arriver, selon eux, le 20 juin courant (v. s.) L'Administration municipale, ferme dans ses principes, ne négligera aucun des moyens que la loi met en son pou-*

voir , pour déjouer les complots des méchans. Elle fera plus ; elle se sacrifiera plutôt que de laisser porter aux lois la plus légère atteinte ; & ce ne sera qu'en foulant aux pieds leurs cadavres qu'on pourra les enfreindre , &c.

Cette lettre devait provoquer la sollicitude du Département. Il eut été prudent de prévenir les troubles qu'on craignait , de prendre des précautions , ou d'indiquer des moyens. Il fallait au moins répondre. Le Département n'en fit rien.

Les premiers jours de messidor arrivent. Le citoyen *Mortella* , Administrateur municipal nous prévient qu'à la *Crau* , (hameau dépendant de la Commune d'Hières) , on se propose de célébrer la fête de *Saint Éloy* , avec toutes les cérémonies extérieures. Ce Saint Éloy est , dit-on , le patron des ânes. Les prêtres chômaient sa fête avec ferveur. Il y avait bénédiction de bannière , jeux , courses d'ânes & de chevaux , & beaucoup d'autres signes d'idolâtrie qui n'annoncent guères les progrès de la raison.

Les Administrateurs pouvaient , comme hommes , fermer les yeux sur ces cérémonies superstitieuses , quoique la loi les défende. Mais , comme Magistrats , pouvaient-ils se dissimuler que le concours des citoyens de tous les environs menaçait la tranquillité publique. Tant de matières inflammables ne pouvaient-elles pas s'embrâser & causer un incendie ? Et lorsque à ces raisons générales , on joignait les motifs particuliers de crainte annoncés au Département , ne fallait-il pas se hâter de prendre des précautions ?

Qui croirait que ce sont ces précautions , commandées par toutes les circonstances , qui fournissent au Département un prétexte pour la suspension de la Municipalité ? Si elle eut négligé de les prendre , le Département avait un motif légitime ; ainsi elle ne pouvait pas manquer de succomber. . . . . . Mais n'anticipons pas sur les événemens.

La Municipalité crut de son devoir de prendre des mesures pour assurer l'ordre à la *Crau*. Elle invita le citoyen *Foulquier* , commandant la Place & les côtes d'Hières , de se rendre auprès d'elle pour conférer sur cet objet. Il lui fut proposé d'envoyer un détachement à la *Crau*. Il répondit , que les habitans de la *Crau* ayant obtenu du général *Moinat-d'Auxon* , la permission *de se divertir comme bon leur semblerait* , il ne pouvait se dispenser de lui écrire à ce sujet. On lui observa que le général ni lui , ne devaient se mêler de la police intérieure des Communes : il persista dans son opinion de consulter avant tout son supérieur.

Le 7 au matin , la Municipalité reçoit une lettre de l'Administrateur *Mortolla* , qui annonce l'arrivée d'un détachement à la *Crau*. Il ajoute que les habitans de ce hameau sont toujours dans la ferme intention de célébrer cette fête , avec les cérémonies extérieures ; que plusieurs citoyens d'*Hières* , de *Solliers* & des environs se proposent de s'y rendre. Qu'il est très à craindre que la tranquillité publique soit troublée.

La Municipalité invita aussitôt le commandant *Foulquier* à se rendre auprès d'elle. Elle lui témoigna sa surprise sur ce que le détachement étoit parti sans que la Municipalité fut prévenue. On lui observa qu'il aurait dû au moins recommander à l'officier commandant le détachement de s'entendre avec l'Administrateur municipal qui étoit à la *Crau*. Sa réponse fut insignifiante.

La Municipalité , voulant remédier à ces inconvéniens , délibéra d'envoyer sur les lieux deux Administrateurs municipaux avec un autre détachement. Le Président de l'administration & le citoyen *Eyssautier* , Administrateur municipal , furent nommés à cet effet. Ils partirent avec le commandant de la Place.

A peine étaient-ils à cent pas , que la Municipalité fut prévenue qu'il se formait un rassemblement dans la Commune ; que ce rassemblement allait se porter sur la *Crau*. Le citoyen *Arene* , Administrateur, fut chargé de se porter sur les lieux pour s'assurer de la vérité des faits. Il s'y rendit , & nous assura qu'en effet il y avoit sur la place des Recolets , un rassemblement de jeunes gens travestis , armés de sabres , de pistolets , quelques-uns même d'un fusil ; qu'ils allaient partir pour la *Crau*. Des citoyens dignes de foi rapporterent à l'Administration qu'il s'était rendu une grande quantité d'habitans des Communes environnantes dans le hameau de la *Crau* ; qu'ils avaient entendu des propos & des menaces qui faisaient beaucoup craindre pour la tranquillité publique & pour la sûreté personnelle des Administrateurs en mission.

Sur ces rapports , & sur-tout à cause du départ de l'atroupement parti d'*Hières* , la Municipalité réquit le commandant temporaire (le citoyen *Mesmaker*) , de faire partir de suite pour la *Crau* , un détachement de la garde nationale sédentaire. Celui-ci s'y refusa obstinément ; il trouve la mesure *dangereuse & inutile*. D'après ses refus réitérés , la Municipalité réquit le commandant de la garde nationale sédentaire , de faire partir un détachement de 60 hommes , avec ordre exprès de le mettre à la disposition des Administrateurs en mission , & de n'agir que d'après les ordres qui lui seraient donnés par le commandant militaire qui était à la *Crau.* Le citoyen *Giraud*, adjudant-major, fut chargé de commander ce détachement. Le Commandant temporaire reçut l'avis par écrit de cette mesure ; & la troupe partit.

Les choses étaient en cet état, lorfque, à fept heures & demi, la Municipalité apprit qu'une affaire férieufe s'était engagée au bois de la *Collete*, entre un attroupement parti de la *Crau*, & le détachement de la garde nationale ; que le fang avait coulé. Le moyen qui fe préfenta fut de convoquer fans délai toute la garde nationale fédentaire pour aller appaifer les troubles. Le Commandant temporaire fut réquis de faire battre la générale, afin de courir où était le danger, & arrêter l'effufion du fang humain. Le commandant temporaire refufe d'obéir à la réquifition. La Municipalité, qui voit avec une douleur amère ces délais qui compromettent la fûreté publique, réitére fes inftances & fes réquifitions. Le Commandant perfévère dans fes refus ; il pouffe même l'infolence jufqu'à calomnier les intentions des Adminif-trateurs : & pendant tous ces débats, le tems s'écóulait. Enfin la Municipalité apprend qu'un détachement du bataillon du Jura arrive à Hières pour remplacer celui de Gravilliers. L'Adminiftration requiert le Commandant de ce nouveau détachement de fe tenir prêt à partir. En conféquence l'ordre lui fut donné par écrit ; il y adhéra fans la moindre obfervation, & partit à huit heures, fous la conduite d'un Adminiftrateur municipal.

Un inftant après, ce détachement qui avait rencontré les Adminif-trateurs municipaux, le Commandant de la place & les troupes qui venaient de la *Crau*, retourne avec eux. Toute la force armée refta en armes fur la place pendant la nuit. Les Adminiftrateurs, ainfi que le Commandant, fe réunirent à la maifon Commune & concertèrent en-femble les mefures à prendre pour le maintien de la tranquillité publi-que, menacée d'être troublée par les jeunes gens de Solliers, vers lefquels l'attrouppement s'était porté pour réclamer des fecours.

Pour être inftruit de l'action qui avait eu lieu au bois de la *Collete*, entre l'attroupement & la garde nationale envoyée au fecours de la loi, il eft bon de connoître le rapport de l'adjudant-major commandant ce détachement. Il faut auffi être inftruit de ce qui s'eft paffé à la *Crau*. Le procès-verbal dreffé par les Adminiftrateurs en miffion en fait le récit fuccinct. Voici ces deux procès-verbaux. Ils méritent d'être lus avec quelque attention.

» Nous Officiers Municipaux du canton d'Hières, chargés ce matin
» à dix heures par nos collègues, de nous transporter de suite au
» hameau de la *Crau*, terroir de cette Commune, à l'effet d'y main-
» tenir la tranquillité publique menacée par un attroupement confidé-
» rable qui s'était formé, manifestant le défir de célébrer, contre les
» lois, la fête de Saint Eloy ; nous sommes rendus audit lieu accom-
» pagnés d'un fecrétaire adjoint & d'un trompette. Sitôt arrivés, nous
» nous sommes transportés chez le citoyen *Mortolla*, officier muni-
» cipal, pour prendre de lui tous les renfeignemens néceffaires. Ledit
» *Mortolla* nous a repréfenté qu'au préjudice de la publication qu'il
» avait faite la veille tendant à empêcher que la fête de Saint Eloy
» n'entraînât avec elle aucun figne évident de corporation, des habi-
» tans dudit hameau fe font permis de promener par les rues les attri-
» buts de la fête, & d'aller faire bénir leur drapeau à l'églife. Il nous
» a expofé en outre qu'il était bien furpris de ce que l'officier du
» détachement, qui avait été envoyé ce matin, ne s'était pas porté
» chez lui pour fe concerter enfemble. D'après cette plainte, le com-
» mandant de la place qui nous avait accompagné en a fait des repro-
» ches très-vifs audit officier, qui a répondu, qu'il ignorait abfo-
» lument qu'il y eut à la *Crau* une autorité conftituée, & qu'on ne
» lui en avait pas parlé. Sur ces entrefaites un individu eft venu nous
» prévenir que nous étions invités à affifter à la courfe des chevaux ;
» nous leur avons répondu que d'après ce qui venait de fe paffer
» contre les lois, nous ne pouvions ni ne devions nous rendre à leurs
» offres, leur ajoutant qu'ils pouvaient fe divertir pourvu qu'ils ne
» récidivaffent pas à enfreindre les loix, & leur recommandant fur-
» tout de ne pas troubler la tranquillité. Peu de tems après on nous a
» fait appercevoir qu'il y avait dans le hameau une quantité d'étran-
» gers dont les démarches paraiffaient équivoques. Nous voulûmes
» nous en affurer par nous-mêmes ; & d'après une tournée que nous
» avons faite avec le Commandant de la place, qui s'eft toujours réuni
» à nous, nous avons effectivement reconnu des hommes à figure
» menaçante, dont plufieurs étaient munis de gros bâtons, & paraif-
» faient bien difpofés à fomenter des troubles. Nous redoublâmes nos
» foins, bien réfolus de nous facrifier plutôt que de voir troubler
» l'ordre. Quelques inftans après nous avons encore vû arriver une
» vingtaine d'hommes, venant du chemin de Solliers. Toutes ces
» circonftances réunies nous faifaient trembler pour la tranquillité
» publique. Nous nous flattions, d'après les mefures que nous prîmes,

» que l'ordre ne ferait point troublé , lorfque nous avons entendu
» dans la rue des cris qui ont été fuivis d'un mouvement général. Nous
» fommes defcendus de fuite pour voir ce qui pouvait y avoir donné
» lieu. Un citoyen s'eft plaint à nous de ce qu'il avait été attaqué
» avec fa compagnie , fur le chemin allant de la Crau à Hières. Nous
» avons pris de fuite la force armée , & nous avons volé pour arrêter
» le défordre. Le citoyen *Eyffautier* , Adminiftrateur municipal , eft
» infulté , on le traite de *fcélérat*. Nous avançons cependant , &
» après un quart d'heure de marche , nous trouvons deux hommes
» avec des fabres , qui nous annoncent faire partie d'un détachement de
» la garde nationale , que nos collègues envoyaient pour feconder
» d'autant plus notre intention formelle de faire le bien. A quelques
» pas de là nous avons véritablement reconnu ledit détachement ; le
» chef s'avance , nous montre l'ordre par écrit figné par le comman-
» dant de ladite garde nationale , & nous annonce qu'il a trente-
» cinq hommes fous fes ordres. Il nous fait part qu'étant parti
» d'Hières à cinq heures , ils font venus fans obftacle au chemin dit
» de la *Collete* , que là arrivé il a entendu des coups de feu , qu'ayant
» donné ordre à fon détachement d'avancer à grands pas , il avait
» apperçu le citoyen Martin , dit l'aimable , faifant partie des quatre
» hommes qu'il avait envoyés devant comme avant-garde , ayant la
» figure enfanglantée & criant à l'*affaffin* ; qu'ayant doublé fa marche ,
» il a reconnu des individus qui venaient vers le détachement avec
» deffein prononcé de l'attaquer. Plufieurs coups de feu ont été tirés ,
» & il nous a expofé que fe voyant dans la cruelle alternative de voir
» égorger fa troupe ou de repouffer la force par la force , il a été
» obligé de prendre ce trifte & dernier parti. Les affaillans ont pris
» alors la fuite , & le même officier a découvert par leur retraire un
» cadavre étendu fur le grand chemin qu'il a reconnu pour être celui
» de Giraud père , qui faifait également partie de l'avant-garde.

» Après ce rapport qui doit affliger toute ame fenfible , nous nous
» fommes concertés avec le Commandant de la place , & craignant
» que la tranquillité ne reçut quelqu'atteinte à la Crau par le défaut
» de force armée , nous y avons renvoyé le détachement de ligne com-
» mandé toujours par un officier , & nous avons continué notre
» marche efcortés de la garde nationale.

» Arrivés fur le lieu où la cataftrophe s'eft paffée , nous avons
» trouvé un corps mort , & plus loin quatre individus qui portaient

» fur

(9)

» fur leurs épaules le corps de Giraud père , dont il eſt parlé plus
» haut , étendu fur un matelat.

» Rendus à Hières , nous dreſſons le préſent Procès-verbal , que
» nous avons figné.

» A Hières , le 7 meſſidor , 5me année Républicaine.

Signés LAUZIERES , *préſident* ; EYSSAUTIER , *adminiſtrateur
municipal* ; FOULQUIER , *commandant de la place* ; J. B. BOUBEL ,
ſecrét. adj.

Rapport du Citoyen GIRAUD , *Adjudant-major de la Garde nationale
d'Hières.*

J'ai reçu le 7 meſſidor , an 5 , vers les trois heures de l'après midi ,
un ordre du commandant proviſoire de la garde nationale , conçu en
ces termes : » Tu es invité , citoyen , d'après les ordres que je viens
» de recevoir par écrit de la Municipalité , de commander ſoixante
» hommes de bonne volonté de la garde nationale , (vu l'urgence du
» cas) , avec un capitaine pour ſe rendre ſans délai à la *Crau* , à l'effet
» d'y prendre les ordres du préſident de l'adminiſtration municipale
» & de l'officier municipal qui eſt avec lui , pour y maintenir la tran-
» quillité publique. Et tu voudras bien commander ledit détachement
» de concert avec le capitaine. A Hières , le 7 meſſidor , an 5me.
» *Signé* J. B. LAURE , capitaine commandant. »

D'après cet ordre j'ai ordonné au citoyen *Baptiſte Rouſland* , capitaine de marcher , & au citoyen *Florent* lieutenant de même ; &
j'ai annoncé publiquement aux citoyens compoſant la garde nationale ,
que j'avais ordre de prendre parmis eux , ſoixante hommes de bonne
volonté. A cette annonce trente cinq hommes ſe ſont préſentés , &
vers les cinq heures , j'ai parti avec ledit détachement. Lorſque j'ai été
près la baſtide dite la *Bayole* , de concert avec le capitaine , j'ai
ordonné au citoyen *Giraud* aubergiſte , de former l'avant garde ,
avec trois hommes de bonne volonté , qu'il commandait. Après avoir
marché environ dix minutes , nous avons entendus des coups de feu ,
& au même inſtant j'ai apperçu que le citoyen *Martin* , dit l'aimable ,
un de ceux qui compoſaient l'avant-garde , venait à nous en criant à
l'aſſaſſin , ayant le viſage enſanglanté. Et de ſuite ordre a été donné
au détachement de marcher à grand pas au lieu d'où partaient les
coups de feu , ce qui n'a pas intimidé les aſſaſſins , qui ont eu l'audace
de fondre ſur le détachement avec le plus grand acharnement , puiſque

B

je me suis défendu moi-même contre plusieurs de ces forcenés. J'avais toujours défendu d'attaquer ; mais me voyant dans la nécessité de nous défendre contre des hommes qui en voulaient à nos jours & qui faisaient feu sur nous, j'ai ordonné de repousser la force par la force, en évitant néanmoins autant qu'il a été en mon pouvoir l'effusion du sang français. Un instant après les assaillans ont pris la fuite. J'ai ordonné alors audit détachement de me suivre pour aller joindre les Municipaux à la *Crau*, ainsi qu'il m'était ordonné. Ayant fait quelques pas, j'ai trouvé étendu au milieu du chemin le citoyen *Giraud* père, qui faisait partie de l'avant-garde & j'ai ordonné alors d'aider son infortuné fils, qui s'était jetté à corps perdu sur lui & suçait ses plaies, à lui donner tous les secours nécessaires. Je continuais ma marche, lorsqu'étant arrivé à la vue de la *Crau* j'ai apperçu à la faveur de la hauteur où nous étions, une grande quantité de ces mêmes hommes épars dans les champs ; j'ai jugé à propos, vu la faiblesse de mon détachement, de faire prévenir les Municipaux qui étaient à la *Crau*, de l'événement & de mon arrivée. J'ai envoyé à cet effet deux volontaires & ai ordonné de marcher à petit pas, pour que nous eussions la réponse de nos envoyés avant d'arriver à ce hameau. Pendant que nous marchions en cet ordre, j'ai apperçu un détachement de troupes de ligne, à la tête duquel étaient le commandant de la place, le président de l'Administration, l'officier Municipal & nos susdits envoyés. Le commandant nous ayant crié qui vive, & ayant répondu d'une voix unanime, Républicains ; nous nous sommes réunis ensemble, après avoir fait part de l'ordre dont j'étais porteur. Le commandant de la place de concert avec les Municipaux, ordonna aux volontaires de la 41ᵉᵐᵉ demi brigade qui faisaient partie du détachement venant de la Crau, de venir à Hières avec nous ; & à l'autre partie dudit détachement de retourner audit hameau, pour y maintenir la tranquillité publique. De suite, réunis avec lesdits volontaires de la 41ᵉᵐᵉ demi brigade, ayant à notre tête ledit commandant de la place, les président & officier municipal, nous sommes retournés à Hières, où sur notre route nous avons trouvé, à-peu-près au même lieu où l'événement s'étoit passé, un homme mort. Et toujours dans le même ordre nous sommes rentrés dans la Commune d'Hières ; d'après les ordres de nos chefs, nous nous sommes reposés sur la place de la maison Commune, d'où j'ai fait & signé le présent rapport.

A Hières, le 7 messidor, an 5, vers les neuf heures du soir.

Signé GIRAUD, adjudant-major.

Voilà l'hiſtorique des évènemens ; nous fournirons dans le cours du mémoire, la preuve de leur exactitude. D'après cet expoſé, ſimple & ſuccint, le lecteur impartial ſe demande ſi c'eſt ſur ces évènemens que l'Adminiſtration centrale s'eſt décidée à ſuſpendre la Municipalité d'Hières de ſes fonctions ? oui. Ces faits lui étaient connus ; elle ſavait que nous avions fait tout ce qui était en notre pouvoir pour prévenir les déſordres ; que quoique contrariés dans nos opérations par l'autorité militaire, nous avions empêché l'effuſion du ſang humain ; que la garde nationale, ſage & modérée, a long-tems oppoſé aux fureurs des aſſaſſins le calme le plus héroïque ; qu'enfin, preſſée de ſe défendre, & courant les plus grands dangers, elle n'a fait feu que pour effrayer les agreſſeurs. Et cependant cette Adminiſtration ne craint pas de lancer contre nous l'arrêté de ſuſpenſion. Elle l'appuye ſur des fauſſetés inſignes, ſur des rapports infidèles, marqués au coin de l'ignorance & de la prévention ; ſur des dénonciations ſignées par les *révoltés eux-mêmes*. Et elle oſe appeler cela *des motifs* ! Examinons ces piéces, & voyons ſi elles méritént la confiance ; ſi elles offrent les preuves de notre culpabilité. Nous nous permettrons de les expliqner & de les diſcuter.

ARRÊTÉ, *&c. du* 11 *Meſſidor*, *an* 5 *rep.*

» Vu la pétition individuelle de pluſieurs citoyens de la Commune » d'Hières, tendante à obtenir la ſuſpenſion de l'Adminiſtration du » Canton.

Et nous auſſi nous allons la voir cette pétition, & nous *l'examinerons* de plus près. Auparavant il importe de ſavoir que le fils de *Giraud*, qui était près de ſon père, aſſaſſiné au bois de la collete, nomme dans ſa plainte, que nous avons ſous les yeux, une quinzaine d'individus qu'il a reconnus. Eh bien, ces mêmes hommes, vus, dans le raſſemblement, & reconnus pour être les agreſſeurs, nous pourrions dire les aſſaſſins ; ſont ſignataires de la pétition. Notez que la plainte de *Giraud* eſt *antérieure* à la pétition.

Nous ne pouvons pas, & c'eſt à regret, tranſcrire en entier cette pétition dictée par la fureur. Chaque phraſe exprime les ſentimens de haine & de vengeance qui animent les ſignataires.

Le Style feul de cet œuvre du crime , aurait donné au Département la mefure de confiance qu'il devait à fes auteurs , fi. . . . . .
Mais les fi feraient trop longs. Voici quelques fragmens de cette pétition que nous pourrions bien appeler dénonciation ou libelle.

» Nous fûmes nous promener à la *Crau* , hameau de notre Can-
» ton , le fept du courant. Nous arrivâmes à deux heures & demie
» de l'après diner. Des rofeaux & quelques légers bâtons , vul-
» gairement appelés badines , étaient nos feules armes.......

Voilà l'aveu que ces fignataires faifaient partie de l'atroupement
d'Hières qui s'eft porté à la *Crau*. Il eft vrai qu'ils n'avaient que des
rofeaux & des *badines*. Des rofeaux & des badines ! c'était bien des
piftolets , des poignards , des triques affreufes , qu'on ne peut porter
qu'avec des intentions criminelles. Des *badines* ! Depuis long-temps
ces féroces égorgeurs , enrégimentés fous la bannière du crime , *ba-
dinent* avec des fabres & des ftilets. *Charles neuf*, & *Catherine de Mé-
dicis badinaient* auffi : l'une avec le tocfin qui donna le fignal de la
mort à plus de cent mille citoyens ; & l'autre avec une carabine ,
avec laquelle il s'amufait à tuer les malheureux Proteftans.

Ces pétitionnaires , armés de *badines* & de *rofeaux* , fe rendent à la
fête. Ils difent qu'ils fe font bien amufés. . . . Que la Municipalité
voulait *les faire affaffiner*. . . . Qu'ils auraient defiré de *revenir avec
la force armée* ; mais que le commandant était fous les ordres de la
Municipalité , & que celle-ci ne voulut pas les laiffer partir. Et comment , difent-ils , aurait-elle donné la permiffion ? elle voulait *nous
faire affaffiner.*

On ne s'avilira pas jufqu'à répondre à de telles réflexions ; à réfuter
des reproches auffi abfurdes qu'injurieux. Il n'y a que des affaffins qui
puiffent fuppofer de tels fentimens à des magiftrats. Continuons cette
lecture. Les meurtriers vont fe dévoiler eux-mêmes.

» Nous partîmes *feuls*. . . . . . .

Comment ! près de cent hommes font *feuls* !

» Nous partîmes feuls. Mais pour tranquillifer les craintes , hélas !
» trop fondées de quelques-uns de nous , nous nous fîmes prêter *quatre*
» *fufils.* »

Loué foit Dieu ! les *badines* commencent à difparaître. Ils avouent
quatre fufils. Il y en avait bien quelques-uns de plus. Et puis , les
piftolets & les poignards , font auffi des armes qui valent bien des
rofeaux & des badines.

» Notre retour était marqué par *une joie franche & folâtre* , digne

» des Français & des vertueux Républicains qui n'ont rien à se repro-
» cher (1). Nous chantions , & notre chant était celui des cygnes.....
En effet le réveil du peuple est bien le chant du cygne , le chant
de la mort.

» A moitié chemin , nous rencontrâmes *Giraud* père , il était armé
» d'un fusil & avait un sac sur le dos. Il dévançait de cinq cents pas
» ledit *Giraud* son fils , *Martin* , dit l'aimable & un volontaire. Ils
» étaient tous les trois armés d'un fusil ; le volontaire seul avait un
» sabre ou briquet. La vue de *Giraud* nous fit craindre qu'il ne vînt
» effectuer ses menaces. Mais , rassurés par *le grand nombre* , nous
» continuâmes notre chemin. »

Arrêtons-nous ici un petit moment. D'abord il est inutile de dire ,
car on doit déjà le savoir , que ces hommes armés , parmi lesquels
se trouve le malheureux *Giraud* , mis à mort , sont l'avant-garde du
détachement réquis par la Municipalité. Mais a-t-on bien remarqué
que ces citoyens *paisibles* sont partis *seuls* , & qu'à présent ils se trouvent *rassurés par le grand nombre* ?

» Heureusement qu'il y avait beaucoup de traîneurs parmi nous ,
» sans cela nous aurions été entre deux feux. Ledit *Giraud* était en-
» core au milieu de nous , lorsque nous vîmes la *bande* composée de
» au moins soixante hommes qui le suivait. Elle était à la demi-
» portée du fusil , & armée jusqu'au dents. *Nous nous jettâmes sur ledit*
» *Giraud & les autres pour les désarmer.* »

Ceci n'a pas besoin de commentaire. L'aveu du crime est clair &pré-
cis. Il y a seulement dans ce paragraphe un mensonge qui n'est pas là sans
raison. Ils disent qu'ils ne se *sont jettés sur Giraud & les autres* , qu'à la
vue de la *bande* , c'est-à-dire du détachement. Cela est faux. Voici le
fait : le chemin fait le coude. Quand ces révoltés , qui se disent *ver-*
tueux Républicains virent l'avant-garde , *rassurés par le grand nombre* ,
ils fondirent sur ces trois ou quatre gardes nationaux. *Giraud* fut
frappé à mort ; les autres furent blessés. Mais alors ils n'avaient pas
encore apperçu le détachement ; ils se seraient bien gardés , s'ils l'eus-
sent vu , d'attaquer l'avant-garde. Ils furent pris sur le fait par le
détachement , qui , instruit de l'événement , avait doublé le pas.

---

(1) Ces craintes bien fondées dont les pétitionnaires parlent plus haut , ne s'ac-
cordent guères avec cette joie *franche* & *folâtre*..... Cependant à cause de
ces *craintes* qui leur causaient cette joie *franche* & *folâtre* , ils s'étaient fait prêter
des fusils , qu'ils n'avaient pas eus grand peine à trouver.

» Pendant ce tems , ladite bande nous couchait en joue ; & fi
» elle *ne tira pas* , c'eft que vraifemblablement elle craignait de tuer
» fon chef. »

Non elle ne tira pas , cette garde nationale que vous ofez appeler
bande. Elle ne tira pas , quoiqu'elle fût *à la demi-portée du fufil*.

Mais ce n'était pas crainte de tuer fon chef , qui étant *à fa tête* , ne
pouvait fe trouver à *l'avant-garde*. C'était par fentiment d'humanité ,
& parce qu'il en coute à des braves gens de verfer le fang des citoyens , quelques coupables qu'ils foient.

» Nous prîmes la fuite , & elle fut le fignal du carnage.,..

Avant de continuer , nous obferverons que les pétitionnaires ont
fait ici une tranfpofition des faits. Les *fept à huit coups de feu* qui
furent tirés , lorfque le befoin d'une légitime défenfe força d'en impofer à ces révoltés , *précédèrent* la fuite. Ainfi , ce ne fut pas la
fuite qui fût le fignal de ce qu'ils appellent le carnage ; des Républicains ne font pas feu fur des fuyards.

» Affaillis par une grêle de balles , les uns *expirent fur le carreau* ;
» les autres , *mortellement bleffés* , fe traînent à peine dans les cam-
» pagnes voifines. *Nous ignorons encore le nombre des morts* , par ce
» que nous ne fommes pas encore tous rentrés dans nos foyers.

À la lecture de ce tableau fi ridicule , qui ne croirait que dans
cette action le nombre des morts & des bleffés eft très-confidéra-
ble ? *Un homme a péri* ; encore n'eft-il pas certain qu'il foit mort à
la fuite de cette affaire (c'eft le cit. *Beleton.*) Certes ! un homme ,
c'eft beaucoup trop. N'y eût-il qu'une goute de fang de verfée , ce
ferait encore un grand malheur. Mais la Garde nationale eft-elle re-
préhenfible ? On affaffine devant elle l'avant-garde. *Giraud* eft maffacré
fous fes yeux. *Giraud* fils , couvert de fon fang & de celui de fon
père , pouffe des cris affreux. *Martin* , dit l'aimable , eft bleffé dan-
gereufement d'un coup de ftylet à la tête. Les meurtriers font pris fur le
fait. A cette vue , que doit faire la force armée ? Diffiper fur le champ
l'attroupement par la force. Et cependant elle n'en fait rien. Elle fe con-
tente de mettre en joue ces factieux & ne fe détermine enfin à lâcher quelques coups de fufil que lorfque le befoin de fe défendre lui en
fait un devoir. Eft-il une conduite plus modérée , plus humaine ?
Si elle eût voulu lâcher fon feu prefque à brûle pourpoint , elle
pouvait faire un carnage : fa modération lui mérite les plus grands
éloges.

Et ce font ceux-là même qui font la caufe de la mort de *Gi-*

raud & de *Beleton* , qui ont attaqué l'avant-garde , qui font cou-
verts du fang des citoyens ; ce font eux qui ofent traiter la Garde-
nationale de *bande* , fe plaindre du *carnage* , dire que les uns *expirent*
fur le *carreau* , que les autres font *mortellement* bleffés , qu'ils ne
peuvent même pas *compter le nombre des morts* ! Peut-on mentir avec
tant d'impudence ! Ce font eux qui ne craignent pas de dénoncer
la Municipalité , & de provoquer fa fufpenfion ! & le Département
ajoute foi à une pareille piéce ! l'ame s'indigne ; & on a befoin d'un
grand effort fur foi-même pour contenir les mouvemens d'une jufte
indignation.

Vû le Rapport du cit. FOUQUIER *, Commandant, &c.*

Nous avons fous les yeux ce Rapport marqué au coin de l'ignorance & de la partialité. Il eft rempli d'injures , d'expreffions or-
durières , d'extravagances. C'eft à regret que nous nous décidons à
produire quelques morceaux de ce *gâchis* volumineux (il a plus de
vingt pages.) Ce fera donner une bien mauvaife idée de la capacité
de fon auteur. Mais , puifque le Département y voit la preuve de
la culpabilité de *Giraud* & *des affidés* de l'Adminiftration , il eft néceffaire d'en parler.

D'abord il parle de fa miffion à Hières qui , dit-il , eft de *réta-*
blir l'ordre & la tranquillité dans le pays. Nous ne favions pas que le
Commandant de la force armée qui eft effentiellement obéiffante ,
pût recevoir l'ordre de *rétablir la tranquillité* , furtout dans un pays
où elle n'eft pas troublée. Si Hières était en état de fiége , à la
bonne heure. Mais dans une Commune , vivant fous le régime conftitutionnel , il doit ne recevoir des ordres , dans tout ce qui eft relatif à la police de la Commune , que de l'Adminiftration elle-même.

On lit enfuite une profeffion de foi , des révélations , des complots , des conjectures , des contes. . . . . . Tout cela n'a rien de
commun avec l'évènement préfent. Examinons ce qui a quelque rapport à notre affaire.

» Le cinq du courant la Municipalité me fit demander pour four-
» nir un détachement pour la fête de la *Crau* qui aurait lieu le
» fept , &c. . . . . . je promis de le lui fournir. Mais je leur fis ob-
» ferver qu'ayant été averti que les citoyens de la *Crau* avaient
» obtenu du général d'*Auxon* la permiffion de s'amufer & de fe

» divertir *comme ils l'entendraient*, pourvu que la tranquillité publi-
» que ne fût pas troublée, je voulais lui écrire pour ne pas *con-*
» *tredire ses ordres.*

Voilà une preuve bien claire que le détachement a été commandé pour le sept ; que le Commandant pour ne pas *contredire d'Auxon*, a ajourné l'exécution de cette mesure jusqu'après la réponse de ce Général. Or, ici nous demandons où est cet ordre du Général *d'Auxon* qui permet aux habitans de la *Crau* de célébrer la fête de *St. Eloi*, de s'amuser *comme ils l'entendraient* ; c'est-à-dire en faisant des processions, en portant des bannières à la bénédiction, en faisant des attroupemens, en troublant l'ordre public, en tirant des coups de fusil, en assassinant les gardes nationales qui marchaient au secours de la loi, &c. Où est cet ordre ? S'il n'existe pas, le Commandant en a imposé, il a manqué à ses devoirs. S'il existe, le général *d'Auxon* s'est immiscé dans un acte administratif, il a excédé ses pouvoirs, il est coupable.

Sur les observations très-déplacées de ce Commandant, la Municipalité voulût lui faire entendre raison. Il traite ces représentations fort justes de *mille autres platitudes fort inutiles.* Ces paroles étonnantes sont écrites en toutes lettres dans son rapport.

On lui fait lecture de la loi sur la suppression des corporations. Voici comme il en parle : » Le président me lit une loi qui défendait
» toute espèce de Congrégation, de Réligieux, Réligieuses, Doctri-
» naires, Frères, tailleurs, Cordonniers, Pénitens de toute couleur,
» les Corporations, &c. Je lui dis que je ne pouvais me dispenser de
» lui écrire, que je serais fâché de ne pas exécuter ses ordres. »

Le Commandant, comme l'on voit, *s'égaye* sur cette loi. Mais il consigne aussi l'aveu de ses refus opiniâtres de déférer aux réquisitions de la Municipalité. Il ne connaît que *d'Auxon* ; il ne voit que ses ordres ; il faut absolument qu'il lui écrive. L'autorité locale n'est rien pour lui. Voilà un Commandant fort utile !

Les ordres de *d'Auxon* arrivèrent, ou n'arrivèrent pas. Le Commandant se décide enfin à envoyer le détachement ; mais il se garde bien d'en prévenir la Municipalité, qui était dans la plus grande peine sur l'état de la *Crau.* Voici comme il raconte la chose : » N'ayant
» reçu aucune nouvelle du général, seulement un reçu de son aide
» de camp, *j'ai cru qu'il était prudent* de fournir à la Municipalité le
» détachement qu'elle m'avait réquis. *J'oubliai* de dire à cet officier de
» s'adresser

» s'adreffer à l'officier Municipal de l'endroit. Mais un militaire qui
» connaît fa befogne , n'a pas befoin qu'on le lui dife. »

Autre aveu de fa défobéiffance , de l'oubli de fes devoirs. Il refufe
un détachement à la Municipalité qui le lui demande. Il en écrit au
général. Enfuite il fait partir ce détachement fans en prévenir la Municipalité , fans donner aucun ordre à l'officier qui le commande. Voilà
donc la force militaire , toute feule à la *Crau* , ne fachant ce qu'elle
doit faire. C'eft ce qui obligea la Municipalité à envoyer deux de fes
collègues à la *Crau* , pour veiller au maintien de la tranquillité , &
diriger l'action de la force publique. Le Commandant partit avec ces
Adminiftrateurs.

Le rapport du citoyen *Foulquier* relatif à fon voyage à la *Crau* , nous
apprend qu'il s'eft bien diverti , que c'eft une jolie chofe que la fête
de *Saint Éloy*.

» J'y fus , dit-il , accueilli très-cordialement. On me fit rafraîchir ,
» on me donna du linge , & j'aurais tort de dire autrement , &c.

Dans tout ce qui eft relatif aux événemens de la *Crau* , il ne parle
que de ce qui lui eft perfonnel , du dîner , des pourparler , des dits ,
des redits , des plaintes , des difputes , des réflexions , des conjectures. Mais il ne fonne mot des provocations , de tous les actes qui
tendaient à troubler la tranquillité publique.

Comme il n'était pas à l'action qui s'était paffée au bois de la *Collete* ,
il ne peut pas en parler ; c'eft bien dommage. Mais par ce qu'il a dit
fans l'avoir vu , on devine bien ce qu'il aurait pu dire , s'il en eût été
témoin. Ecoutons-le encore un inftant. . . . il le faut bien.

» Nous nous concertâmes & fîmes le projet de faire trompeter
» que tout étranger fortirait de la Commune ; que ceux qui feraient
» trouvés feraient arrêtés. A peine avions-nous fait ce projet , que
» nous vîmes arriver plufieurs citoyens d'Hières criant & demandant
» juftice ; qu'il y avait des affaffins embufqués fur le chemin , qui les
» avaient attaqués. Nous courûmes le préfident *Eyffautier* & moi , à
» leur pourfuite , avec une grande partie du détachement de la *Crau*
» & avec l'officier. A moitié chemin , deux individus de la *prétendue*
» garde nationale , ou *choifie* , *car je n'ai jamais fçu qu'il y en eût* ,
» fe préfentent à nous , en nous difant qu'ils avaient été attaqués ,
» qu'il y a des morts. Voyez-vous , me dit le préfident , ce font
» pourtant les autres qui fe plaignent. On va plus avant ; & à quel-
» que diftance , un détachement armé nous arrête & nous reconnaît.
» Le préfident a répondu *fans s'émouvoir*. Je n'en dis pas de même ;

C

» car ; quoique je ne perde pas facilement la tête , je fus ftupéfait.
» Depuis que j'étais à Hières je n'avais pas entendu parler de la garde
» nationale , je ne favais pas qu'il y en eût. Perfonne ne m'en avait
» parlé. Je fus , je l'avoue à ma honte , fi furpris , fi hébété , que je
» ne penfai pas à leur faire *mettre bas les armes*. Je me mis au con-
» traire à leur tête. »

En vérité c'eft trop loin pouffer l'ignorance ou la méchanceté.
Quoi ! le Commandant a-t-il pu de bonne foi ignorer l'exiftence de la
garde nationale organifée conftitutionnellement ? Cela eft impoffible.
Cette bonhomie qu'il affecte eft une fineffe groffière , dont perfonne
ne peut être dupe.

» J'étais tout à fait hors de moi ; mes cheveux fe hérifferent quand
» je vis un cadavre , que je reconnus pour le pauvre malheureux qui
» avait dénoncé la lifte de patrouille que faifait ce coquin de *Perlet*. . .

Cette lifte eft un conte , qu'il a plu au Commandant de faire , ou
de croire. Elle n'a rien de commun avec l'affaire préfente.

» Je me fuis trouvé à Gemmapes , à dix autres affaires férieufes ; je
» n'ai jamais été dans l'état ou j'étais ; il m'eft impoffible de le dé-
» peindre. Cependant je me rappele *que tout ce qui m'entourait ne pa-*
» *raiffait pas affecté* , & que les chagrins & les plaintes ne vinrent
» *que quand on rencontra le père de Giraud* , que quatre hommes por-
» taient , & qui était bleffé.

Il faut convenir que ces indignes réflexions font d'un genre parti-
culier. Ce Commandant , qui était *hébété* , *qui jamais n'avait été dans*
l'état où il fe trouvait alors , conferve cependant affez de fang froid
pour lire fur la figure de chacun de nous toutes les expreffions de
l'ame ; il apperçoit toutes les nuances de la douleur ; il en calcule
en quelque manière la dofe. Et enfuite il fait fes réflexions , qu'il ne
craint pas de configner dans un rapport.

„ Son fils (de Giraud) armé comme *un mandrin* , de deux fufils ,
» fabres & piftolets , (il portait celui de fon père mourant) , & qui
» criait à chaque inftant qui vengera la mort de mon père ; oui ce fera
» moi. Ah ! les coquins ! les gueux ! mon père ferrez moi la main.
» Je vous vengerai ; oui , facr... f... facred... & mille autres
» extravagances. »

Quoi ! Commandant , toi , militaire , qui *tes trouvé à Gemmapes & à*
dix autres affaires férieufes , tu dis que *tes cheveux fe hériffent à l'afpect*
d'un cadavre ; & tu ofes plaifanter fur la jufte fureur d'un fils , à la
vue de fon père , baigné dans fon fang , & frappé du coup de la mort !

tu te joues dans un rapport officiel des fentimens de la nature, de la plus
belle des vertus : la piété filiale ! Tu comptes froidement les juremens
d'un fils, que la fièvre de la douleur a plongé dans le délire ! Tu
traites fes exclamations d'*extravagances*. Oui il lui ferrait la main... Il
demandait vengeance ; & il l'obtiendra. Oui les lois vengeront la nature & l'humanité, foulés aux pieds par des brigands.

Quelle foi, difons-le, doit-on à un pareil rapport, où l'on ne
devroit voir que le verbal exact des événemens, fans aucun commentaire ? La paffion & l'efprit de parti s'y montrent à chaque ligne,
On voit bien que cet homme n'eft pas à fa place ; il eft trop au-
deffous de fes fonctions. Ecoutons *fes conclufions*, car enfin, après
avoir fi long-tems divagué, il falloit bien fe réfumer.

» Je CONCLUDS de tout ça, que le *parti des pauvres*, foi-difant
» Républicains. . . . . .

Que fignifie cette expreffion ? Le *parti des pauvres* foi-difant Républicains ! Il n'y a donc, fuivant lui, de véritables Républicains que
les *riches*. Ce mot feul caractérife l'homme, & fignale fes opinions.
C'eft bien là l'expreffion d'un parafite qui vient de tondre la nappe de
l'opulence orgueilleufe.

» Que le parti des *pauvres*, *foi-difant Républicains*, avait comploté
» cette affaire ; qu'elle était préméditée : témoin, &c., (il cite tous
» les événemens à l'appui de fes conclufions) ; témoin, dit-il enfin,
» que je fuis affez clairvoyant pour m'être apperçu de toutes les
» plaintes & horreurs qu'on m'a dit fur ceux qui avaient été attaqués,
» & les plaintes qu'on a fait, & *les regrets qu'on a donné au père de
» Giraud*. . . . . . Je crois que *Giraud* caufe toút, s'il n'y avait rien
» de comploté. »

' Ceci eft trop fort. Quoi ! les regrets donnés au père de *Giraud*,
républicain, mort à fon pofte, en allant, comme garde national, au
fecours de la loi, font pour le Commandant les *témoins que le parti
des pauvres a comploté* cette affaire ! Il fallait donc danfer, comme les
cannibales, autour de cette victime de fon devoir. Quelle indignité !
Et puis, après vingt pages d'un rapport, où il fe perd en conjectures, il finit *par croire que s'il n'y avait rien de comploté, Giraud eft
la caufe de tout*.

Et le Département fe réfumant auffi, conclud de même, que la
tranquillité publique a été troublée par *Giraud*. Mais pour atteindre
la Municipalité, il ajoute : & par les *affidés de l'Adminiftration*.

Quittons ce rapport; il eft dégoutant. Le lecteur impartial aura pu l'apprécier. Nous ne croyons pas qu'il conclue ni comme fon auteur ni comme le Département. La raifon en eft fimple : l'un cherche la vérité ; & les autres ont befoin de menfonges pour fervir leurs paf-fions , & couvrir leurs injuftices. Continuons.

» Vu le Rapport du citoyen *Mesmaker* Lieutenant de la Com-
» pagnie auxilliaire de la 11e. demi-brigade , Commandant tempo-
» raire de la place d'Hières. Lequel Rapport démontre , jufqu'à
» l'évidence, les projets criminels de ladite Adminiftration.

Ce Rapport, *qui démontre jufqu'à l'évidence les projets criminels de l'Adminiftration* , doit être connu. Il a fervi de baze à l'Arrêté du Département ; nous allons le tranfcrire en entier. C'eft la feule ven-geance que nous veuillons nous permettre ; elle eft bien légitime. Mais , auparavant, il importe de le faire précéder d'un petit préam-bule.

Nous avons dit que le Commandant partit pour la *Crau* avec les Adminiftrateurs envoyés en miffion ; que le citoyen *Mesmaker* com-manda la place en fon abfence ; que fur les nouvelles que la tran-quillité publique était troublée *à la Crau* , la Municipalité délibéra d'y envoyer un autre détachement ; que cette mefure éprouva des obftacles ; qu'on fut obligé de s'adreffer au Commandant de la garde nationale fédentaire , pour la mettre à exécution ; qu'enfuite , fur d'au-tres rapports , que le détachement avait été attaqué , on délibéra de faire battre la générale pour envoyer le reftant des gardes nationaux à l'endroit où l'attaque avait eu lieu ; que ce Commandant refufa encore de déférer à cette réquifition ; qu'enfin , on fut obligé de s'adreffer au Commandant d'un détachement du bataillon du Jura , qui venait d'arriver. Rapellons-nous ces faits qui prouvent que nos mefures ont été entravées par l'autorité militaire. Lifons enfuite ce rapport avec attention ; les réflexions naiffent toutes feules.

RAPPORT du citoyen Mesmaker, Commandant temporaire de la place d'Hières.

» Le citoyen *Mesmaker* expose que vers les quatre à cinq heures,
» le citoyen *Giraud* cabaretier vint annoncer à la Municipalité qu'on
» égorgeait *à la Crau les prétendus patriotes.* »

Au premier mot, la partialité se montre. *Giraud*, qui est patriote
n'a certainement pas pu dire qu'on égorgeait les *prétendus patriotes.*
Le mot *prétendus* est du cru du citoyen *Mesmaker.* Et comment lui,
qui était à *Hières*, pouvait-il savoir que ceux qu'on égorgeait à la
Crau étaient des patriotes *prétendus* ?

» Sur ce simple récit, fait par un homme furieux, ne respirant
» que sang & carnage, la Municipalité, composée d'*Arene* & de
» *Cauvet*, entourée de *Bonnefoy* secrétaire & du citoyen *Nicolas*
» ex-général, qui étincellait de colère & de rage, *me requit par*
» *écrit* de faire prendre les armes à la Garde nationale. Je lui ré-
» pondis que je ne voyais pas de danger, en ce que trois Officiers
» municipaux & le Commandant étaient à la *Crau*, & que la me-
» sure qu'ils voulaient prendre *était inutile & dangereuse.*

On a vu de quelle manière *Foulquier* commandant la place refuse
d'obéir aux réquisitions de la municipalité. Celui-là au moins en
réfere à son supérieur. Il lui faut l'agrément ou les ordres du général *d'Auxon.* Mais le citoyen *Mesmaker* tranche la difficulté ; il
opine du bonnet ; il n'a besoin d'autre autorité que son opinion.
Et en quoi cette mesure était-elle *dangereuse & inutile*? car enfin,
que les citoyens qu'on égorgeait fussent des *prétendus* patriotes, ou des
patriotes réels, c'était des hommes, & la Municipalité leur devait
des secours. D'ailleurs comment fait-il que la Municipalité ne s'est
décidée que sur *le simple récit de Giraud* ? Ce récit n'était que la
confirmation de semblables rapports qui annonçaient des troubles ;
& la résolution de la Municipalité tendait à prévenir ces excès, ou
en arrêter le cours. Ainsi, lorsque cet officier s'est permis de *juger*
de la mesure dangereuse, il a mal *jugé*, comme homme ; & comme
officier, il a manqué totalement à ses devoirs. Si, comme lui nous
voulions juger les intentions, ne pourrions-nous pas lui dire, avec
quelque raison : ne trouviez-vous la mesure *inutile & dangereuse*, que

parce qu'il n'y avait de compromis *que de prétendus patriotes ?*

» Je fortis & fus fur la place des ci-devant Récolets. A peine
» arrivé, je reçois de nouveau l'ordre d'aller à la maifon commune.
» La Municipalité me remet. alors une réquifition, pour faire battre
» la générale, en me difant que c'était fimplement pour aller au
» fecours du Commandant *de la Crau. Prévoyant les dangers* d'une
» pareille mefure, & *foupçonnant* qu'elle n'était provoquée que par
» des *projets odieux & coupables,* que l'événement n'a que trop juf-
» tifiés ; je défens au tambour de battre la générale & lui enjoignis
» fortement de n'obéir qu'à mes ordres.

Voilà un autre aveu bien précis de la défobéiffance de ce Commandant. Il *prévoit les dangers* d'une pareille mefure, qui cependant
pouvait fauver des citoyens, fi elle eût été exécutée à tems. Il *foup-
çonne* qu'elle n'eft. provoquée que par des projets odieux & coupables ; lorfqu'elle a été dictée par l'humanité, par la néceffité de rétablir l'ordre. Eft-il permis à un chef de la force publique de tenir
un langage fi indécent, fi coupable envers l'autorité civile ! Peut-
on porter plus loin le mépris de fes devoirs!

» La Municipalité & le citoyen Nicolas infiftèrent vivement.
» Mais, voyant leurs tentatives inutiles, ils eurent l'audace de s'a-
» dreffer au tambour pour le gagner par la douceur ou par la vio-
» lence. Mais ils échouèrent. Le tambour leur répondit qu'il n'o-
» béiffait qu'à fon chef.

Ce fait eft faux. Les Adminiftrateurs n'ont pas voulu forcer le
tambour à battre la générale. Mais euffent - ils eu ce projet, ils
n'auraient manqué qu'aux formes ; car quand ils avaient délibéré de
convoquer la garde nationale, cet ordre devait bien être exécuté
fur le champ. On le répète ; ce fait eft de toute fauffeté.

„ Sur ces entrefaites, arrive un détachement du Jura. De fuite
„ la Municipalité l'invite à boire ; elle le cajole, le careffe, en lui
„ difant de *fe rafraîchir.* Après avoir *furpris la religion du chef du
„ détachement,* elle le requiert de marcher contre ceux qui égor-
„ geaient, difait-elle, les patriotes. Le chef répondit qu'il ne mar-
„ cherait que lorfqu'un Officier municipal fe mettrait à la tête du
„ détachement. Le citoyen *Arene* fe chargea de cette commiffion &
„ fut avec la troupe jufqu'à la porte de la ville, où fe trouva le
„ Préfident & le Commandant qui retournaient de la Crau.

Tout cela eft une broderie à la *Mefmaker,* ou à la façon de fon
rédacteur. On n'a ni *careffé,* ni *cajolé,* le détachement. Il arrivait, &

était très-fatigué. Cependant, le danger était preſſant. Les refus du citoyen *Meſnaker* d'obéir aux réquiſitions réitérées de la Municipalité l'obligèrent de requérir par écrit le chef de ce détachement de partir ſur le champ. En effet, après avoir fait *rafraichir* la troupe, il ſe mit en marche, accompagné d'un Adminiſtrateur. Mais ayant rencontré les Adminiſtrateurs, le Commandant & les détachemens, qui étaient de retour, ils vinrent enſemble à Hières.

„ Le Commandant m'ordonne de bivouaquer pendant la nuit avec „ quinze hommes. Dans le courant de la nuit, deux volontaires furent „ ſans ordre chez Giraud cabaretier, qui les invita à ſouper, les „ régala juſques à dix heures, & arma un d'entr'eux de deux piſ- „ tolets.

Ceci eſt étranger à la Municipalité. Cependant nous ne laiſſerons pas échapper une réflexion bien naturelle. Le père de *Giraud* expira de ſes bleſſures deux heures après ſon arrivée à Hières. On ſe rappelle d'après le rapport du Commandant Foulquier, qui en a plaiſanté, que ce fils s'abandonna au déſeſpoir, qu'il était dans le délire de la fièvre ; qu'il faiſait, ſelon le citoyen Foulquier, des *extravagances*. Comment fera-t-on croire que ce fils infortuné, livré en entier à la plus juſte des douleurs, régalât deux volontaires, dans ſa maiſon, à deux pas du cadavre ſanglant de ſon père ? Non, cela ne peut pas être; c'eſt un outrage fait à la nature. Cette calomnie atroce eſt bien digne d'être placée dans un pareil rapport.

„ Tout fut calme le reſte de la nuit. Les projets ſanguinaires de „ cette *prétendue* garde nationale & les aſſaſſinats commis ſur le „ chemin de la Crau *prouvent évidemment* les projets odieux de la „ Municipalité. Il eſt clair que par le moyen de la générale, on „ voulait renouveller ces horreurs dans le ſein de la Commune & „ achever par-là l'ouvrage.

Ce paragraphe eſt bien dans le rapport ; mais ce n'eſt pas un rapport. Ce ſont des *concluſions* ſemblables à celles du citoyen Foulquier, avec la différence qu'elles ſont beaucoup plus méchantes. Comment fera-t-on croire que les meurtres commis ſur le chemin de la Crau prouvent les projets criminels de la Garde nationale & de la Municipalité ! Ces meurtres, on le ſait bien, ont été commis par le raſſemblement, qui, de ſon aveu, a attaqué l'avant-garde, aſſaſſiné *Giraud* & bleſſé *Martin*. La conduite de la Garde nationale mérite les plus grands éloges ; & quoi qu'il paraiſſe clair à cet officier que, par le moyen de la générale, on voulait renouveller les horreurs dans le fein de la Commune, il eft très-clair au contraire , & très-certain que cette mefure devait , ou prévenir les excès , ou en arrêter le cours.

Voilà en entier ce rapport qui a *prouvé jufqu'à l'évidence* au Département les *projets criminels de l'Adminiftration*. Certes ! le Département n'eft pas difficile en *évidences* ! Tout homme jufte & impartial y verra précifément le contraire. Il y trouvera la preuve du peu de cas que cet officier a fait des réquifitions de la Municipalité , lorfque fon devoir l'obligeait d'y obéir. Ce rapport , nous l'invoquons en notre faveur. . . . . . .

Mais relévons ici une turpitude , fi ce n'eft pas une prévarication. Ce rapport n'eft pas l'ouvrage du citoyen *Mefmaker*. Nous en fournif-fons les preuves morales & matérielles. Il finit ainfi :

» *Ne fachant pas figner* , certifie le préfent, dit & écrit en ma » préfence. *Signé* FOULQUIER.

Quoi ! *Mefmaker* , vous ne favez pas feulement mettre votre nom , & vous vous permettez de faire la leçon à des Adminiftrateurs inftruits. Quand même vous ne feriez pas officier & que votre devoir ne vous obligerait pas de déférer aux ordres de l'autorité , convenez que votre incapacité vous interdit le droit de les juger. Vous voulez avoir les talens adminiftratifs , & vous ne connaiffez pas même votre état. Un officier doit favoir écrire : le bon fens le veut, la loi l'ordonne. *Mefmaker*, avouez-le franchement , ce rapport n'eft pas votre ouvrage.... Nous aimons à le croire à caufe de vous. Quant à nous , nous ferions bien fâchés qu'il n'exiftât pas.

En effet *Mefmaker* n'eft pas l'auteur de ce rapport , car il contient un *faux matériel*. *Mefmaker* , qui y dit *ne favoir figuer* , fait mettre fon nom. Il le met mal , très-mal , il eft vrai ; mais il le met lifible-ment. Il a figné un reçu d'une réquifition *devant les Adminiftrateurs*. Et ce reçu , figné de *Mefmaker* , eft *en notre pouvoir* ; nous le confervons précieufement , à préfent explique qui pourra cette énigme.

D'ailleurs , quoiqu'il foit mal écrit , cependant ce n'eft pas là le ftyle d'un homme qui ne fait pas figner , ou qui figne comme un peintre d'après un modèle. Ainfi quand ni le ftyle , ni le corps d'é-criture n'appartiennent à un homme , que refte-t-il de fon ouvrage ?

C'eft affez parler de cette pièce fabriquée dans l'antre de l'intrigue. Les auteurs de ce rapport doivent rougir d'avoir abufé de la faibleffe d'un officier peu inftruit , pour le compromettre de toutes les ma-nières. Ils ont auffi compromis le citoyen *Foulquier* ; qui *certifiant*

que

que *le préfent eft* , *dit & écrit en fa préfence* , attendu que *Mefmaker ne fait pas figner* , s'eft rendu coupable d'un FAUX.

» Vu la réquifition faite par les citoyens *Arene* & *Cauvet* , officiers
» Municipaux , &c.

Ne ferait-ce pas par hafard celle fignée de *Mefmaker* , qui ne *fait pas figner* ? En tout cas , ils n'en ont qu'un extrait ; car nous en confervons foigneufement l'original.

» Vu la lettre de l'Adminiftration municipale , &c. , & les procès-
» verbaux par eux dreffés.
» Le rapport dreffé par le citoyen *Giraud* , adjudant-major de la garde nationale.

Il y a donc à Hières une garde nationale , organifée conftitutionnellement ? Puifqu'il y a des chefs , il doit y avoir des foldats. Et ce bon *Foulquier* qui ne s'en était jamais douté , à qui perfonne n'en avait rien dit !

Ces procès-verbaux & ce rapport, font en partie dans ce mémoire ; on les a déjà lus. Ainfi on eft à même de les apprécier. Nous pouvons donc nous difpenfer de réflexions. Mais , difons-le : fi le Département les *a vus* , il faut croire qu'il ne les a guères *examinés* , ou qu'il les a *vus* de mauvais œil. Nous ofons croire que le public ne les aura pas vus de même.

Ici fe termine le vu des pièces qui ont fervi de bafe à l'arrêté du Département. Ses confidérants n'en doivent être que le réfultat. Ainfi les prétendus *motifs* doivent être déjà jugés. Cependant il faut bien jetter un coup d'œil fur ces confidérants. Encore un effort. Ce mémoire devient long ; ce n'eft pas notre faute. La calomnie franchit hardiment d'un pas toutes les efpaces. Et la vérité , timide & circonfpecte , fe traîne lentement avec fon flambeau. . . . . Mais elle arrive , & s'arrête.

D

L'ADMINISTRATION Centrale du Département du Var.

» Ouï le rapport du Commissaire du Directoire exécutif & les divers
» renseignemens par lui pris sur les lieux.

Ce rapport , nous ne l'avons pas *ouï.* Nous n'avons pas ouï non
plus les renseignemens pris par ce Commissaire sur les lieux. Le moyen
d'en parler ! nous obferverons feulement , en paffant , que quand le
Département qui était à Toulon pour recevoir l'Ambaffadeur de la
Porte , reçut de la Municipalité l'avis des événemens qui venaient
d'arriver à Hières , le citoyen *Cauvin* vînt dans ce pays avec de la
cavalerie ; que fon entrée fut brillante ; qu'il fut conftamment accompagné de tous les fignataires de la dénonciation ; qu'il fe permit des
perfonnalités contre le citoyen *Mortolla* un de nos collègues ; qu'il
fouffrit que *Cafimir Valeran* de retour de fon émigration depuis quatre
jours , fit fubir des interrogatoires à la Municipalité ; & comme les
Adminiftrateurs réprimèrent cette infolence , le citoyen *Cauvin* voulut
interpofer l'autorité du Commiffaire ; ce qui eft auffi inconvénant ,
qu'illégal. Qu'il mangea & but avec tous les radiés. . . . Chacun fon
goût. Ceci n'eft pas un reproche pour l'homme , mais une obfervation
adreffée à l'agent du Gouvernement.

Tout cela fignifierait peu de chofe pour le citoyen *Cauvin* s'il était
venu à Hières pour s'amufer. Mais comme il eft venu *prendre des renfeignemens* , & que fon rapport a été ouï par le Département ; nous
croyons devoir préfenter cette conduite au public , afin qu'il fache
quels renfeignemens ce Commiffaire peut avoir donnés , & dans *quelle
fource il les a puifés.*

» CONSIDÉRANT que c'eft au moment où le gouvernement fe
» prononce d'une manière énergique contre les agitateurs & tous les
» ennemis de la Conftitution , qu'on travaille à égarer dans diverfes
» Communes du Département les hommes faibles & trop crédules ,
» & qu'on les porte à la révolte & au mépris des lois.

Très-bien dit. Perfonne ne contefte cette vérité , excepté ceux-là
qui la proclament. Mais eft-ce parce que le gouvernement fe *prononce
avec énergie contre les agitateurs & les ennemis de la Conftitution* , que

vous perfécutez les Magiftrats amis de cette conftitution , & que vous favorifez les agitateurs , les factieux , & les ennemis du gouvernement ? On voit bien que ce Confidérant eft une phrafe de forme , mife là pour donner *une couleur* à l'Arrêté. Vous n'auriez rien à nous reprocher , fi nous étions , comme vous dites , les ennemis de la Conftitution.

» CONSIDÉRANT que depuis *trop long tems* , l'Adminiftration
» municipale du canton d'Hières donne afyle à ces hommes dangereux
» à la fociété , qui , pour fe fouftraire au jufte châtiment de leurs
» crimes , cherchent l'impunité dans les Communes où on les protège.

Que de fineffe & de fauffetés dans quatre lignes !

Si ces calomnies abfurdes paraiffaient des vérités au Département, pourquoi n'en a-t-il jamais *écrit* à la Municipalité ? Une Adminiftration paternelle fait précéder le châtiment , des avis , des confeils , des exhortations , des ordres ; les lois fur les rapports adminiftratifs le veulent ainfi. Il faut commencer par éclairer , par inftruire les autorités inférieures , avant de lancer la foudre. La Municipalité , dit, le Département , fouffre ces étrangers *depuis trop long-tems* ; & jamais il n'en a dit un mot ! Nous le défions de montrer une lettre où il en foit queftion.

Et comment le Département aurait-il écrit à ce fujet ? Il n'y a point de Commune dans la République où il y ait moins d'étrangers. Hières eft un pays agricole. Tout le commerce eft en denrées du pays. Les étrangers y mourraient de faim.

Si par étrangers , le Département entend quelques acquereurs de biens nationaux qui exploitent leurs domaines ; ceux-là ont fait le *crime* d'acheter des biens du clergé ou des émigrés , & ils en cherchent l'*impunité* dans la protection des autorités , du gouvernement & des lois.

Mais , de bonne foi , une Adminiftration Municipale peut-elle affurer l'*impunité des crimes* ? Un homme frappé par un mandat d'arrêt eft faifi par-tout ; c'eft l'autorité judiciaire qui le pourfuit. La Municipalité ne peut pas empêcher l'exécution d'un mandat de juftice. Or tous ceux qui font fans mandat de juftice ne font pas cenfés criminels , & n'ont pas befoin de l'impunité.

» CONSIDÉRANT que ces attroupemens favorifés par l'Adminif-
» tration du canton d'Hières ont amené les événemens horribles du

» sept du courant , organisé la guerre civile parmi des Républicains ;
» donné la mort à deux citoyens , mis en fuite la majeure partie de
» l'habitation , parmi laquelle on compte plusieurs blessés , & allumé
» une guerre implacable dans une Commune populeuse.

Nous savions bien que ces *étrangers* ne se trouvaient pas là sans
cause. On leur a accordé les honneurs d'un *Considérant* , pour ajouter
aux *crimes* dont ils cherchent l'*impunité* , les crimes du 7 arrivés à la
Crau. Il est bien cruel d'être obligé , pour répondre au Département,
de combattre des fantômes. Non , encore une fois , il n'y avait pas
d'étrangers à Hières. Et ces étrangers , qui n'y étaient pas , ne peuvent pas avoir amené ni exécuté les mouvemens du 7 messidor. Ceux
qui ont organisé , amené & exécuté ces crimes ne sont pas des étrangers , c'est-à-dire , des inconnus. Ils étaient dans l'*étranger* il n'y a pas
long-tems. Ils sont *étrangers* à la République , à nos mœurs , à nos
principes , à nos lois , à nos vertus. A présent ils sont dans Hières
pour nos péchés. Ils y cuvent leur fiel sur les Républicains , en attendant mieux. Ce sont eux qui ont amené les *événemens horribles* du 7 ,
qui ont formé des rassemblemens séditieux ; qui ont *organisé la guerre
civile* ; qui ont attaqué la garde nationale , massacré un citoyen , &
causé la mort d'un autre ; ce sont eux qui ont dénoncé , calomnié la
Municipalité. . . . . . . Et à quoi bon le répèter ! les pièces ne le
prouvent-elles pas de la manière la plus démonstrative ! Voilà , Département , les *étrangers* qu'il fallait placer sous le glaive vengeur des
lois afin que les bons citoyens , qui pleurent sur leurs *crimes* , ne
puissent pas en craindre l'*impunité.*

» CONSIDÉRANT que la défense de la course des chevaux dans
» le hameau de la Crau , (permise à Hières) , ne fut faite par l'Ad-
» ministration du canton , que pour irriter les habitans de ce quar-
» tier les porter à la désobéissance par une prohibition injuste , &
» avoir un prétexte d'y envoyer la force armée. »

Dans ce *Considérant* , le Département ne pouvant pas blâmer l'action , empoisonne l'intention. D'abord il n'est pas vrai que la Municipalité eut défendu la course des chevaux *à la Crau* , puisqu'elle
l'avait permise à Hières. Elle défendit la célébration de la fête de
Saint Eloy, & les cérémonies extérieures , comme processions , &
bénédiction des bannières , &c. Elle voulut l'exécution de la loi.

Quant aux jeux, aux courſes, aux luttes, elle ne s'en mêla aucunement. Elle n'envoya un détachement que pour maintenir la tranquillité publique.

On ſait déjà que la Municipalité éprouva des contrariétés, des refus de la part du Commandant de la force armée. On n'a pas perdu de vue ſans doute les intéreſſans rapports de *Foulquier* & de *Meſmaker*, qui ſigne ſans ſavoir ſigner. On ſe rappelle auſſi que le général *Moïnat-d'Auxon* avait permis aux habitans de la *Crau* de s'amuſer *comme ils l'entendraient*, &c.

Mais ce qu'on ne ſait peut-être pas, c'eſt que la célébration de la fête eut lieu, avec toutes les cérémonies extérieures. Les Adminiſtrateurs, par prudence, & pour éloigner tous les prétextes de troubles, laiſsèrent faire. S'ils avaient eu de mauvaiſes intentions, ils pouvaient requérir la force pour empêcher les habitans *de s'amuſer comme ils l'entendaient*. Ainſi, loin qu'on ait défendu la courſe des chevaux, on a même toléré une proceſſion & la bénédiction de la bannière de *St. Eloy*. Et ſi les Adminiſtrateurs ſont blâmables, c'eſt ſeulement d'avoir, par eſprit de paix, par amour du bon ordre, laiſſé violer la loi. On voulut ne pas fournir ce prétexte qui aurait ſervi *à irriter* les habitans *de ce quartier & à les porter à la déſobéiſſance par une prohibition*, juſte, légale, néceſſaire, mais que les circonſtances rendaient dangereuſes ; parce qu'on avait fait entendre à ces bonnes gens qu'ils pouvaient ſe divertir *comme ils l'entendraient*.

Et quand bien même il ſerait vrai que, pour prévenir les ſuites des atroupemens, on eût empêché la fête, le Département aurait-il le droit de ſuppoſer de ſi perfides *intentions* aux Magiſtrats du peuple, d'en conſigner le reproche dans un arrêté ? Non : cette indigne accuſation ne peut nous atteindre : elle déshonore l'Adminiſtration qui ſe l'eſt permiſe.

» CONSIDÉRANT que la journée du 7, ayant été paiſible à la » *Crau*, malgré tant de ferments de diſcorde, les citoyens *Cauvet* & » *Arène* n'auraient pas dû envoyer à la *Crau* vers la fin du jour un » détachement compoſé en partie d'étrangers & gens ſans aveu, » lorſqu'ils devraient ſe repoſer ſur la troupe ſoldée qui était en » détachement, & que la tranquillité n'y était pas troublée. »

Ainſi, en prouvant que la tranquillité publique était troublée à la

Crau ; ce motif croule avec fa bafe. Si le Département qui *a vu* les rapports des Adminiftrateurs , avait pris la peine de *les lire* , il faurait que la journée fe paffa en invectives , en menaces , en provocations. Que les Adminiftrateurs furent infultés ; que la fomentation fut extrême ; qu'il y eut des mouvemens dangereux , qu'on ne put appaifer qu'en alliant la politique à l'autorité.

Et lorfque les Adminiftrateurs reftés à Hières , font inftruits des dangers qui menacent la tranquillité publique & les Adminiftrateurs en miffion à la *Crau* , peut-on les blâmer d'avoir délibéré l'envoi d'un détachement ? Ces nouvelles forces envoyées au fecours de la loi ne devaient-elles pas opérer le bien fi les obftacles , provenans du refus de *Mefmaker* de déférer à la réquifition , n'en euffent retardé le départ !

Et quand il ferait vrai qu'on eût été fort tranquille à la *Crau* , fi des rapports ont dit le contraire à ces Adminiftrateurs , ils ont dû prévenir des malheurs qu'on leur faifait craindre. Mais cette tranquillité n'a pas exifté un feul moment de cette journée orageufe. D'ailleurs le raffemblement , compofé de ces jeunes gens partis d'Hières avec les *rofeaux* & les *badines* , qu'une *crainte très-fondée* entretenait dans une joie *franche* & *folâtre* ; le départ de ces jeunes gens rendait cette mefure néceffaire. Ils étaient en *grand nombre* ; & certes ! on ne conteftera pas cette vérité , car ce font eux-mêmes qui le difent. La Municipalité devait-elle demeurer dans l'inaction ? Tous ces mouvemens , ces bruits , ces menaces , ces chants du *cygne* que nous appellons nous le réveil du peuple , ces rapports multipliés , tout cet enfemble de chofes devait réveiller fa follicitude , & provoquer des mefures.

Et qu'on ne nous dife plus qu'il y avait des étrangers , des gens fans aveu. Nous avons déjà répondu plufieurs fois à ce reproche. Et , pour la dernière fois , nous déclarons ce fait faux & calomnieux. C'était la garde nationale , compofée des citoyens d'Hières , tous connus , propriétaires , pères de famille ou jeunes gens , de l'âge réquis par les lois.

» CONSIDÉRANT que les citoyens *Mortolla* , *Lauzieres* & » *Eyffautier* , Adminiftrateurs Municipaux , qui fe trouvaient à la *Crau* , » le 7 du courant , auraient dû arrêter ledit *Giraud* cabaretier , & » l'empêcher d'aller *fonner le tocfin* dans la Commune d'Hières , & de » ramaffer fous fes drapeaux tous les *fcélérats* qui s'y trouvaient , pour » venir *affaffiner* les *citoyens paifibles* , à leur retour dans la Commune.

(31)

Nous croirions qu'il n'eft pas poffible de ramaffer dans une feule phrafe tant de perfidies , de rufes & de fauffetés , fi le Département n'avait produit ce chef-d'œuvre de méchanceté. Séparons tous les membres de ce *Confidérant* : il n'en eft aucun qui ne foit une atrocité , ou une calomnie.

Les Adminiftrateurs en miffion *auraient du arrêter ledit Giraud , cabaretier.*

Quoi ! le jour d'une fête qui attire un grand ooncours d'habitans des Communes environnantes ; au milieu des défordres ; parmi une foule de citoyens innombrables , où fe trouvent tous les élémens de la difcorde ; dans le tems que le foin de la tranquillité publique , de l'ordre général , oblige les Magiftrats à fixer toute leur attention vers ce grand but, qui eft l'objet unique de leur miffion , on veut qu'ils faffent attention à *un individu* ? Et pourquoi *arrêter Giraud* ? Parce qu'il avait été infulté ? Et eût-il été agreffeur , les Municipaux ont-ils le droit de préhenfion ? Il fallait *arrêter Giraud* ! Et fi *Giraud* avait envie de s'en aller , ne fe difpenfait-il pas de notre permiffion ?

Il fallait *l'empêcher d'aller fonner le tocfin dans la Commune d'Hières.* . . . . . .

Les Adminiftrateurs *de la Crau*, pouvaient-ils veiller fur ce qui fe paffait à Hières ! d'ailleurs *Giraud* a-t-il *fonné le tocfin* ? Le Département emploie ces mots *au figuré*. Mais , dans un arrêté , il faut le *mot propre*, & ne pas induire le peuple en erreur. *Giraud* a pu raconter des évènémens , dont il a été témoin , & dont faillit être victime ; il a pu les raconter avec quelque chaleur. Mais tout cela n'eft pas *fonner le tocfin*. Une *équivoque* dans une affaire de cette nature peut être regardée comme une *perfidie*.

» Et de ramaffer *fous fes drapeaux tous les fcélérats* qui s'y trou-
» vaient. . . . .

La mefure prife par la Municipalité de faire partir un nouveau détachement , n'a pas été influencée par le rapport de *Giraud*, Ce rapport était la confirmation de ce qu'on favait déjà fur l'état du hameau de la *Crau*.

Mais le Département, en fe fervant de ces expreffions , en a-t-il compris tout le fens ? Les hommes qui marchent *fous les drapeaux* de la loi , d'après les réquifitions des magiftrats , fous les ordres de leur chef, font des *fcélérats*. Nous n'avons pas pris la plume pour repouffer des injures, mais pour répondre aux raifons. Que la honte de cette injure faite à la garde nationale d'Hières demeure éternellement fur fes auteurs.

» Pour *venir affaffiner* les *citoyens paifibles*, à leur retour dans la
» commune . . . . . .

Le Département a cru, peut-être, en entaffant calomnies fur calomnies, que nous n'aurions ni la patience, ni le temps de répondre à toutes. Il s'eft trompé : nous ne laifferons rien fans réponfe.

Ceux qui ont lu avec attention la dénonciation de ces *citoyens paifibles* n'auront pas oublié, qu'ils étaient en *grand nombre*, qu'ils *avaient des fufils* ; qu'ils ont attaqué l'avant-garde du détachement ; &, pour nous fervir de leurs propres expreffions, *qu'ils fe jettèrent fur Giraud & les autres pour les défarmer*. D'après un tel aveu, configné par eux-mêmes dans une pétition, que le Département a *vue*; après l'avoir *vu* auffi le rapport du Commandant du détachement & les procès-verbaux des Adminiftrateurs ; lorfque ce fait eft avoué par les coupables, dénoncé par l'autorité, & qu'il n'eft contredit par perfonne ; comment cette Adminiftration a-t-elle pu dire qu'on *venait affaffiner les citoyens paifibles*, à leur retour dans la commune !

» CONSIDÉRANT enfin, que les mêmes adminiftrateurs fe refu-
» sèrent à faire efcorter à Hières les citoyens qui avaient déjà été
» menacés, & qui leur dénoncèrent le complot que l'on avait formé
» de les affaffiner.

Nous répondons à ceux qui font les auteurs de cette calomnie, que le Département n'a pu croire fans bleffer la raifon, & fermer l'œil aux vraifemblances ; nous leur répondons par cette phrafe, qu'ils fe feront traduire : *mentiris impudentiffime.*

Eft-il naturel que des hommes, qui font au nombre de plus de quatre-vingt, armés de fabres, de piftolets & de fufils, euffent eu l'intention de fe faire *efcorter* ? Ils rempliffaient les airs des accens de leur joie *franche & folâtre*, & ils avaient *des craintes* ! Difons la vérité. C'était la police qui avait conçu des *craintes* très-fondées, fur leurs intentions. Et fi un détachement ne s'était trouvé là pour leur en impofer, qui peut affurer qu'ils ne fe feraient pas portés aux plus

grands

grands excès ? Ils venaient de *se jetter* sur *Giraud & les autres* pour
les défarmer.......... Nous nous arrêtons-là. La justice est armée de son
glaive ; ce n'est point à nous à prononcer.

» CONSIDÉRANT que les cris qui s'élèvent de toutes parts
» contre cette administration prouvent qu'elle a perdu la confiance pu-
» blique de ses administrés , & que les malheureux évènemens de la
» journée du 7 ne justifient que trop combien il serait dangereux
» de laisser dans ses mains un pouvoir , dont elle a fait un usage si
» criminel.

ARRÊTE , &c.

Si nous n'avions perdu que la confiance des Administrateurs du
Département , nous nous en consolerions. Mais l'Administration dit
que nous avons *perdu la confiance de nos Administrés , qu'un cri s'élève
de toute part , contre nous.* C'est bien le cas de dire : *qu'on affaiblît toujours tout ce qu'on exagère.*

Il ne nous appartient pas de prononcer sur l'article de *confiance* ;
c'est à nos administrés à répondre pour nous. Mais il est une classe
d'hommes que nous n'interrogerons pas à cet égard ; ceux-là peuvent
bien dire aussi que nous n'avons pas *perdu* leur confiance ; car jamais
ils ne nous l'ont accordée. Nous n'avons pas les *titres* réquis pour la
mériter ; & on sait bien que ces *titres* qu'ils exigent ne sont pas des
vertus.

Quant aux bons citoyens , aux véritables amis de la justice , de
l'ordre & des lois , aux hommes intègres , attachés à la patrie par les
services qu'ils lui rendent , nous le leur demandons hardiment : avons-
nous perdus la confiance qu'ils nous avaient accordée , & que nous
avons justifiée ?

Le *cri* qui s'élève contre nous est bien petit. Une *trentaine de signa-
taires ,* sur une population de plus de *six mille* habitans , ne forment
pas l'*opinion publique.* Non , non , le peuple d'Hiéres ne mésestime pas
ses Magistrats. Il ne les a pas revêtus de l'écharpe tricolore , il ne leur
a pas confié ses plus chers intérêts , pour les livrer à l'*opinion* d'une
coterie. Et quand le Département veut se rendre l'interprête des senti-
mens publics pour appuyer une injustice , non-seulement il fait injure
aux Administrateurs , mais encore aux Administrés.

E

Les voilà connus ces *motifs* de notre fufpenfion. Quelle eft l'autorité inférieure qui fe croira déformais à l'abri de l'arbitraire , fi des prétextes fi frivoles , des dénonciations fi calomnieufes , tiennent lieu de *motifs*. L'art. 194 de la Conftitution deviendra donc une arme de parti , avec laquelle le Département pourra frapper , fuivant fon caprice & fes paffions , toutes les Municipalités qui lui déplairont. Un *cri général* doit s'élèver contre une telle ufurpation des pouvoirs. Si le gouvernement n'arrête pas , dans le principe , cette Adminiftration dans la carrière des fufpenfions qu'elle fe propofe de parcourir , il ne nous refte plus qu'à jetter un voile fur l'acte Conftitutionnel , & à nous envelopper de nos manteaux.

Si des fophifmes , des injures , des prétextes pouvaient tenir lieu de *motifs* , il faudrait déchirer un article qui confacrerait l'anéantiffement des droits du peuple ; ou bien il faudrait déclarer que les Départemens font les dépofitaires de la puiffance fuprême dans leur territoire , & proclamer ces proconfuls.

Mais non. La Conftitution n'a pas créé une telle puiffance. Elle a affuré la garantie & l'indépendance des autorités , fous la furveillance des autorités fupérieures. Si l'une d'elles viole ou laiffe violer les lois , elle doit-être punie.

Mais elle ne peut l'être fans raifon , fans *motifs légitimes*. La follicitude du Légiflateur a été telle à cet égard , que la loi veut que la décifion du miniftre foit encore confirmée par le Directoire exécutif.

Repofons-nous donc avec confiance fur la juftice de la première autorité de la République. Le miniftre faura bien juger notre conduite , & apprécier les *motifs* du Département. Il dénoncera fans doute au Directoire cet acte tyrannique & arbitraire , & appliquera à fes coupables acteurs l'article dont ils ont fi étrangement abufé.

Que les alarmes des bons citoyens ceffent. Non il ne s'exécutera pas le projet odieux de déforganifer les Adminiftrations Républicaines. Elle ne s'accomplira cette finiftre prophétie qui nous dévouait aux poignards comme nos malheureux voifins. Non , cette fanglante anarchie ne s'établira pas ici. Peuple d'Hières , tes Magiftrats te feront rendus. Habitans du Var , vos Adminiftrateurs infidèles feront punis. Le gouvernement veille autour du dépôt facré qui lui eft confié. Malheur à ceux qui oferont y porter atteinte.

Signés LAUZIERES , Préfident ; ARENE , EYSSAUTIER & CAUVET , Adminiftrateurs Municipaux.

DÉPOSITIONS

Faites pardevant la Municipalité & le Commandant de la place par des Militaires qui ne faifaient partie d'aucun détachement.

CE jourd'hui huit Meffidor, an 5e. de la République Françaife une & indivifible, à huit heures & demie du matin, eft comparu devant nous, Adminiftrateurs municipaux du Canton d'Hières, préfens le Commiffaire du pouvoir exécutif & le citoyen Foulquier commandant la place, le citoyen Alexis Gauchet caporal dans la huitième compagnie du premier Bataillon de la quarante-unième demi-brigade, qui nous a expofé que le jour d'hier s'étant tranfporté à la Crau pour s'y amufer, il retournait fur le foir à Hières lorfque fur le grand chemin il rencontra une troupe nombreufe de bourgeois qui retournait auffi à Hières, qu'il s'achemina quelque temps avec cette troupe, que chemin faifant trois citoyens armés qui faifaient route pour la Crau paffèrent au milieu de cette troupe avec laquelle il était, & dont il ne connaiffait ni les individus ni les opinions. Qu'au moment où ces mêmes trois citoyens fe furent trouvés au milieu ils fe virent cernés & on pouffa contre eux des huées, que l'un des trois alors, dit eft-ce pour moi que vous faites ces huées, que ne comprenant pas l'idiôme provençal, il imagina pourtant que la réponfe était affirmative & tout auffitôt cet individu fe mit en état de défenfe, qu'alors plufieurs de cette troupe fautèrent fur l'arme de ce citoyen & la lui enlevèrent, qu'au même inftant d'autres individus de la même troupe s'élancèrent fur lui & lui lâchèrent un coup de bâton & un coup ce ftylet qui l'atteignit à la tête, qu'en même temps il entendit tirer dans la même troupe des coups de feu, il était alors à environ huit pas de cette dernière, lorfqu'il apperçut le chef du détachement de la garde nationale, lequel ayant été apperçu également par les affaillis, il entendit crier à moi camarades, le détachement qui ne fuivait d'autre route que le grand chemin accourut auffitôt & il entendit des nouveaux coups de feu, que fur ces entrefaites quelques citoyens du détachement vinrent le prier de vouloir bien les aider à porter un homme que la troupe arrivante de la Crau avait étendu par terre d'un coup de feu, qu'il a vu auffi paffer l'individu qui avait reçu le coup de bâton & le coup de ftylet. Il a obfervé que dans cette troupe avec laqelle il s'était accompagné, les uns étaient armés de bâtons, d'autres de piftolets & ftylet. Que trois étaient armés d'un fufil. Lecture à lui faite de fa déclaration, il a déclaré contenir vérité y perfifter & a figné avec nous le Commandant de la place & le Commiffaire du pouvoir exécutif. *Signés* GAUCHET Caporal, LAUZIERES Préfident, FOULQUIER Commandant de la place, CAUVET Adm. Mal. ARENE Adm. GATTEIN Comre. du Dir. exécutif.

CE jourd'hui huit meſſidor an 5e. de la République Françaiſe une & indiviſible, à neuf heures du matin par devant nous Adminiſtrateurs municipaux du Canton d'Hières préſens les citoyens Foulquier commandant la place & Gattein Commiſſaire du pouvoir exécutif, eſt comparu le citoyen François Rollin, Sergent de la première compagnie du ſecond Bataillon de la 41e. demi-brigade, lequel nous a expoſé que faiſant partie du détachement de la force armée envoyé hier au quartier de la Crau pour y maintenir l'ordre il y vit arriver grand nombre de bourgeois de la Commune d'Hières & entr'autres le fils du citoyen Francois Barbaroux armé d'un fuſil & d'un ſabre. Lecture à lui faite de ſa déclaration, à déclaré conténir vérité, y a perſiſté & avant ſigner il a ajouté qu'il a également vû des jeunes gens de Solliès armés de bâtons & en outre ledit Barbaroux marchant à la tête de grand nombre d'autres jeunes gens armés les uns de bâtons & les autres de ſabres. Et a ſigné avec nous le Commandant de la place & le Commiſſaire du pouv. exéc. *Signés* ROLIN Sergent, LAUZIERES Préſident, GATTEIN Comiſ. du Dir. exé. FOULQUIER Com. de la place, ARENE Ad. Mu. CAUVET Ad. Mu.

Les même jour, mois & an que deſſus & à la même heure eſt entré dans le lieu des ſéances de l'Adminiſtration municipale le citoyen Philippe Mortolla Adminiſtrateur municipal du Canton d'Hières réſidant à la Crau & en préſence du citoyen Foulquier commandant la place & Gattein commiſſaire du pouvoir exécutif, il a expoſé qu'hier ſur le ſoir la bourgeoiſie du quartier de la Crau, en abſence de l'officier commandant le détachement qui s'était rendu au lieu où ſon devoir l'appelait, ſe préſenta à ſa porte avec un factionnaire & lui demanda d'ouvrir, à quoi il ſe refuſa, qu'un inſtant après que cette ſentinelle ſe fut retirée par l'ordre de l'officier du détachement, ſa porte devint libre, obſervant que cette ſentinelle tenait en frappant la porte un piſtolet au point, & qu'elle ne ſe retira qu'enſuite des vifs reproches qui lui furent faits par ledit officier, auquel elle répondit que c'était par ordre des bourgeois qu'elle était placée à la porte de l'expoſant. Lecture à lui faite de ſon dire a déclaré contenir vérité y a perſiſté & a ſigné avec nous, le Commiſſaire du pouvoir evécutif & le Commandant de la place.

Signés LAUZIERES, Préſident ; MORTOLLA, Adm. Mpal. ; CAUVET, Adm. Mpal. ; FOULQUIER, Commandant de la Place ; ARENE, Adm. Mpal. GATTEIN, Com. du Direc. exéc.

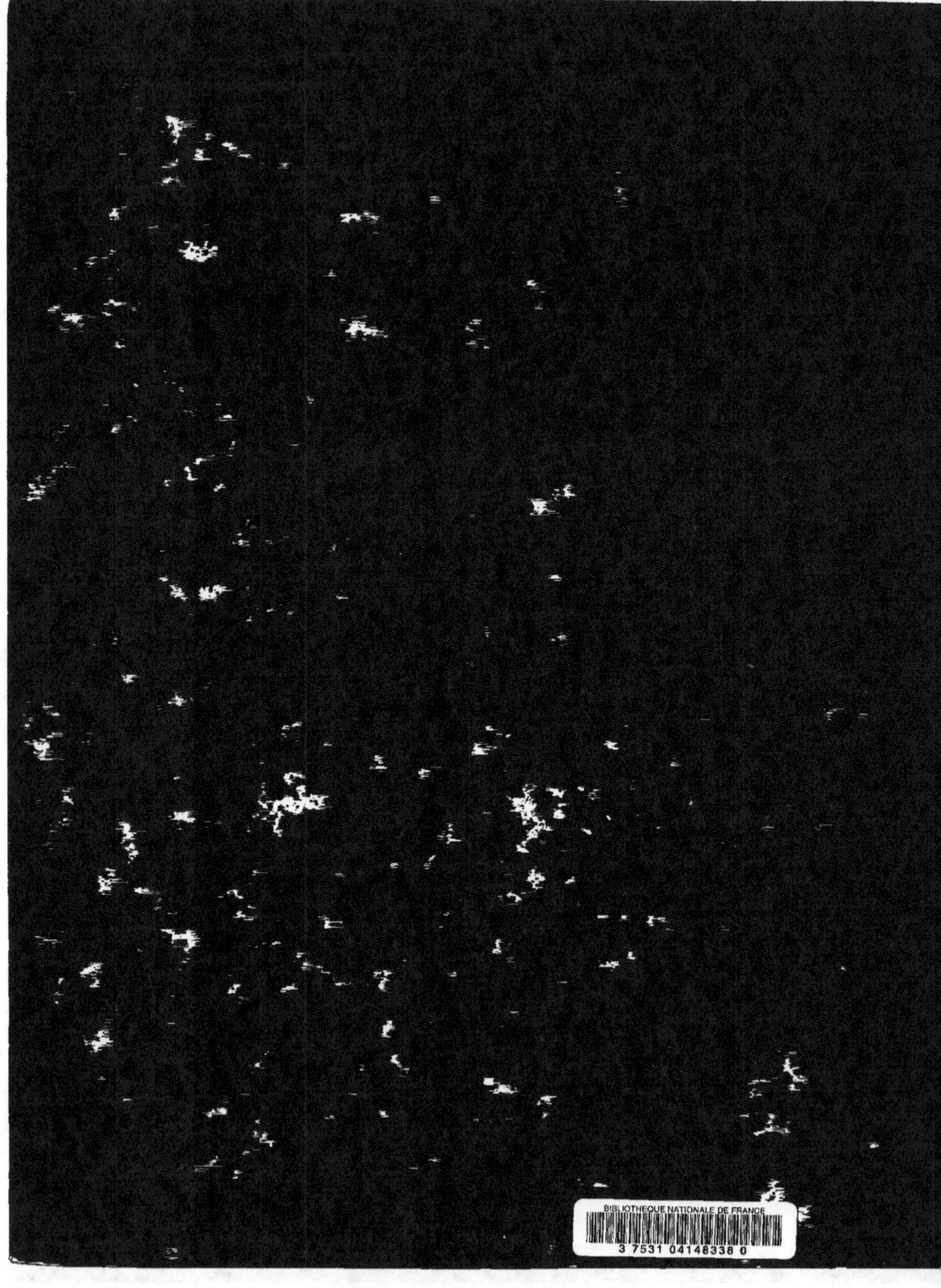